BEI GRIN MACHT SICH IHR WISSEN BEZAHLT

- Wir veröffentlichen Ihre Hausarbeit, Bachelor- und Masterarbeit

- Ihr eigenes eBook und Buch - weltweit in allen wichtigen Shops

- Verdienen Sie an jedem Verkauf

Jetzt bei www.GRIN.com hochladen und kostenlos publizieren

Annika Singelmann

Der anthropologische Roman am Beispiel von Karl Philipp Moritz' "Anton Reiser"

GRIN Verlag

Bibliografische Information der Deutschen Nationalbibliothek:

Die Deutsche Bibliothek verzeichnet diese Publikation in der Deutschen National-
bibliografie; detaillierte bibliografische Daten sind im Internet über http://dnb.d-
nb.de/ abrufbar.

Impressum:

Copyright © 2008 GRIN Verlag GmbH
Druck und Bindung: Books on Demand GmbH, Norderstedt Germany
ISBN: 978-3-640-41348-5

Dieses Buch bei GRIN:

http://www.grin.com/de/e-book/131658/der-anthropologische-roman-am-beispiel-
von-karl-philipp-moritz-anton

GRIN - Your knowledge has value

Der GRIN Verlag publiziert seit 1998 wissenschaftliche Arbeiten von Studenten, Hochschullehrern und anderen Akademikern als eBook und gedrucktes Buch. Die Verlagswebsite www.grin.com ist die ideale Plattform zur Veröffentlichung von Hausarbeiten, Abschlussarbeiten, wissenschaftlichen Aufsätzen, Dissertationen und Fachbüchern.

Besuchen Sie uns im Internet:

http://www.grin.com/

http://www.facebook.com/grincom

http://www.twitter.com/grin_com

TECHNISCHE UNIVERSITÄT CAROLO-WILHELMINA ZU BRAUNSCHWEIG
Institut für Germanistik, Abt. Deutsche Literatur
A8 TM II: „Literarische Anthropologie"
WS 2008/09
Datum: 10.12.2008

Der anthropologische Roman

am Beispiel Karl Philipp Moritz' *Anton Reiser.*

Eine Ausarbeitung vorgelegt von

Annika Singelmann

INHALTSVERZEICHNIS

Im Rahmen des Seminars ‚Literarische Anthropologie' beleuchtet diese Ausarbeitung im Speziellen den anthropologischen Roman. Der Schriftsteller Karl Philipp Moritz soll hierfür beispielhaft sein, da sein (autobiographischer) psychologischer Roman *Anton Reiser* als ein Musterbeispiel des anthropologischen Romans angesehen werden kann und Moritz zudem in seinem parallel erscheinenden *Magazin zur Erfahrungsseelenkunde* anthropologischen (psychologischen) Fragestellungen nachspürt und in dieser Hinsicht ein Beispiel für das Beziehungsgefüge von wissenschaftlicher Anthropologie und literarischer Verarbeitung der Menschenkunde darstellt. Doch vorerst soll in einem theoretischen Teil kurz in die Gattung des anthropologischen Romans, in entsprechende Gattungstheorien und in die Autobiographik eingeführt werden. Es soll weiterhin herausgestellt werden, in welcher Weise Anthropologie und Literatur miteinander verbunden sind und in welchem Wechselverhältnis sie stehen.

1. Der anthropologische Roman[1]

Kupferstich: William Hogarth (1751): The Reward of Cruelty (Anatomisches Theater oder Die Belohnung der Grausamkeit)[2]

Der Kupferstich veranschaulicht und parodiert den ‚Anthropologiewahn' des 18. Jahrhunderts. Der Mensch wird das zentrale Untersuchungsobjekt, dabei wird jedoch nicht nur das Innenleben des Körpers in jedem Detail untersucht, das Interesse richtet sich auch auf das Seelenleben des Menschen, auf die inneren Vorgänge und ihre Wirkungen. Diese werden ebenso ‚seziert' und ‚skelettiert' und zum Gegenstand des neuen anthropologischen (psychologischen) Romans. Karl Philipp Moritz *Anton Reiser* ist hierfür ein „Schulbeispiel"[3].

1.1 Gattungsbegriff

Nach Košenina ist ein anthropologischer (psychologischer) Roman dadurch gekennzeichnet, dass eine kausalpsychologisch nachvollziehbare innere Entwicklung von Menschen nach dem Prinzip von Ursache und Wirkung dargestellt wird. „Dieses Erzählverfahren nennt man *pragmatisch* […], unterstützt wird es durch Dialoge, personale oder Ich-Perspektiven, die der

---

[1] Der Begriff wurde 1980 von Hans-Jürgen Schings geprägt. Vgl. hierzu SCHINGS, Hans-Jürgen (1980): Der anthropologische Roman. Seine Entstehung und Krise im Zeitalter der Spätaufklärung. In: FABIAN, Bernhard, Wilhelm SCHMIDT-BIGGEMANN & Rudolf VIERHAUS (Hgg.): *Deutschlands kulturelle Entfaltung. Die Neubestimmung des Menschen.* München: Kraus International Publications (=*Studien zum achtzehnten Jahrhundert, 2/3*), S. 247-275.

[2] Aus: KOŠENINA, Alexander (2008): *Literarische Anthropologie. Die Neuentdeckung des Menschen.* Berlin: Akademie Verlag (=*Akademie Studienbücher Literaturwissenschaft*), S. 69.

[3] Ebd., S. 82.

Dynamik einer Handlungsfolge und der inneren Entwicklungslogik eines Charakters eher entsprechen als abschließende Urteile eines ‚allwissenden Erzählers'."[4]

1.2 Anthropologie und Literatur und anthropologische Romantheorie

Die Verbindung von Anthropologie und Literatur findet sich kulminiert in der zweiten Hälfte des 18. Jahrhunderts im Drama, aber vor allem im Roman und besonders in der Autobiographie bzw. im autobiographischen Roman. Dabei stehen aber Anthropologie und Literatur in einem wechselseitigen Verhältnis.[5] So sind z.b. nach Herder[6] die drei Hauptquellen anthropologischer Erkenntnis: die Bemerkungen der Ärzte, aber auch die Lebensbeschreibungen und die Weissagungen der Dichter.[7] Die Literatur ihrerseits wird anthropologisch und Schauplatz entsprechender Motive und Themen. Nach Pfotenhauer verwandelt Literatur „anthropologische Denkformen in literarische *Gestaltungsformen*."[8] Befasst sich die Anthropologie mit dem ‚ganzen Menschen', so möchte auch die Literatur den Menschen ganzheitlich erfassen und zwar in leib-seelischer Einheit, in physiognomischer Verknüpfung von Innerem und Äußerem. Dabei hilft die Menschenkunde einen Charakter zu konstituieren. Es entstehen durch Selbsterfahrung und Selbstreflexion psychologische und autobiographische Romane der ‚inneren Geschichte des Menschen', die wiederum authentische Fallbeispiele für die anthropologische Forschung liefern.[9]

Die Darstellung der ‚inneren Geschichte' ist zentrales Thema wie Verfahren des neuen Romans. 1774 erscheint Christian Friedrich von Blanckenburgs Romantheorie *Versuch über den Roman*, die vor allem durch die Lektüre der *Geschichte des Agathon* von dem anthropologisch begeisterten Christoph Martin Wieland angeregt wurde und sie zum Vorbild nimmt.[10] Damit wird die Verbindung von Anthropologie und Literatur zum Programm. Von Wieland adaptiert soll ein Roman die innere Geschichte des Menschen kausalpsychologisch entfalten.

---

[4] Ebd., S. 253.
[5] Vgl. PFOTENHAUER, Helmut (1987): *Literarische Anthropologie. Selbstbiographien und ihre Geschichte – am Leitfaden des Leibes*. Stuttgart: Metzler (=*Germanistische Abhandlungen, 62*), S. 1.
[6] In seiner Schrift *Vom Erkennen und Empfinden der menschlichen Seele*, erschienen 1778.
[7] Vgl. HERDER, Johann Gottfried, Karoline HERDER et. al. (Hgg.) (1828): *Johann Gottfried Herder's sämmliche Werke. Zur Philosophie und Geschichte*. Neunter Theil. Stuttgart/ Tübingen: Cotta, S. 23. Als Digitalisat abrufbar über URL: <http://books.google.com/books?id=MCoTAAAAYAAJ&printsec=frontcover&hl=de#PPA 1,M1> (zugegriffen am 24.11.2008).
[8] PFOTENHAUER, Helmut (1994): Einführung [zu Teil IV: Literarische Anthropologie]. In: SCHINGS, Hans-Jürgen (Hrsg.): *Der ganze Mensch. Anthropologie und Literatur im 18. Jahrhundert*. DFG-Symposium 1992. Stuttgart/ Weimar: Metzler (=*Germanistische-Symposien-Berichtsbände, 15*), S. 557.
[9] Vgl. PFOTENHAUER (1987: 1 f.).
[10] Vgl. ebd., S. 24 f.

5

Alexander Košenina hat die wichtigsten Punkte zusammengefasst.[11] Unter dieser Vorlage und anhand Blanckenburgs Romantheorie[12] sollen sie nachgezeichnet werden:

- *Realistische Plausibilität:* Gezeigt werden sollen keine Idealtypen, sondern realistisch angelegte Charaktere, wie sie in der Wirklichkeit möglich sind.

- *Keine Ständeklausel:* Jeder Mensch hat unabhängig von seinem Stand seine innere Geschichte, die anthropologisch interessant ist. Auch erst eine ständeübergreifende Darstellung erfasst die Wirklichkeit.

- *Werdende Menschen:* Die Romanfiguren sollen nicht wie Marionetten des Dichters (Maschinen) Handlungen ausführen. Jede Begebenheit soll nach Ursache und Wirkung hergeleitet werden, die die Handlungen von Romanfiguren plausibel machen.

- *Seele und Leib:* Abkehr von der cartesianischen Trennung von Leib und Seele. Da sie in Wechselbeziehung stehen, soll auch die Darstellung adäquat Gesinnungen und Handlungen, Seelenzustand und äußeren Ausdruck wiedergeben.

- *Innere Bildung der Romanfiguren:* Zweck des Romans ist die Nachzeichnung der Bildung der Charaktere, jedoch im Schwerpunkt auf ihre innere Geschichte und der Wiedergabe von Denken und Empfinden hin ausgerichtet.

- *Individualisierung:* Charakter erhält eine Romanfigur erst durch seine Eigenheiten, wobei selbst Kleinigkeiten wichtig sind. Der Dichter soll individuelle Charaktere darstellen und aufzeigen „warum sie so handeln, wie sie handeln"[13].

- *Der selbst denkende Leser:* Der Dichter soll den Leser nicht durch Moralisierungen an die Hand nehmen, da der Leser so nicht mehr seine eigene Phantasie anwenden kann und zumal sich die Moral aus der Geschichte von selbst ergeben sollte.

Auch Johann Jakob Engel spricht in ähnlicher Weise in seinem ebenfalls 1774 erschienen Essay *Ueber Handlung, Gespräch und Erzehlung* „vom Zusammenspiel zwischen *Innen* und *Außen*; von einer kausal verknüpften, notwendigen Kette von Begebenheiten; vom wahren Erzählen, das uns das allmähliche *Werden, Verändern* und *Entstehen* zeige, im Unterschied zum *unpragmatischen* Beschreiben."[14] Stärker noch als Blanckenburg greift Engel auf anthropologische Kategorien zurück und fordert entschiedener eine dramatische Handlung und die

---

[11] Vgl. KOŠENINA (2008: 73).
[12] Vgl. BLANCKENBURG, Christian Friedrich von (1774): *Versuch über den Roman.* Leipzig/ Liegnitz: [veröffentlicht von] Siegert. Als Digitalisat abrufbar über URL: <http://books.google.com/books?hl=de&id=sNIN AAAAY-AAJ&dq=Versuch+%C3%BCber+den+Roman&printsec=frontcover&source=web&ots=yzXdvuaRg&sig=jlJ I8CdL3lLGx7eiHHDwbT_i4yU&sa=X&oi=book_result&resnum=1&ct=result> (zugegriffen am 25. 11.2008).
[13] BLANCKENBURG (1774: 281).
[14] KOŠENINA (2008: 73 f.).

6

Prosa auch noch durch Dialoge lebendiger zu gestalten, da gerade Dialoge das Gefühl gegen-wärtiger Augenblicke vermitteln. Im Roman der Spätaufklärung finden sich tatsächlich zu-nehmend Dialoge oder ganze Werke dieser Form.[15] Authentizität vermittelt ebenfalls Goehtes Briefroman *Die Leiden des jungen Werther*, der auch zeitgleich zu den theoretischen Schriften Blanckenburgs und Engels entsteht und unabhängig davon bereits die innere Geschichte einer Romanfigur wiedergibt und kausalpsychologisch die Ursachen für einen Selbstmord nach-zeichnen versucht, ohne dabei zu werten oder zu moralisieren.[16] Damit ist der Weg geebnet für die psychologischen Beschreibungen der Psychophysik, der Nachtseiten der Seele, der Kehrseiten der Vernunft oder auch der Grenzphänomene, wie der Verbrecher, der Wahnsinni-ge oder sogar der Wilde.[17] Doch wirklich sinnstiftend und erkenntnisliefernd für die anthropo-logische Forschung wird erst die literarische Darbietung von Fallbeispielen in Autobiogra-phien und autobiographischen Romanen. Es ergibt sich fast von selbst, dass autobiographi-sche Romane das Werden und die innere Geschichte in Ursache und Wirkung einer Romanfi-gur am authentischsten aufzeigen können. Bereits Goethes *Werther* ist autobiographisch mo-tiviert. Doch damit eine Autobiographie derartiges liefern kann, muss auch sie kausalpsycho-logisch angelegt sein und erfordet psychologische Kenntnisse, die wiederum die Anthropo-logie liefert.

1.3 Autobiographie/ autobiographischer Roman

Hier kann wieder Herder beispielhaft angeführt werden:

> „Hätte ein einzelner Mensch nun die Aufrichtigkeit und Treue, s i c h s e l b s t zu zeichnen, ganz, wie er sich kennet und fühlet: hätte er Muths genug, in den tiefen Abgrund platonischer Erinnerung hinein zu schauen, und sich nichts zu verschweigen: Muth genug, sich durch seinen ganzen belebten Bau, durch sein ganzes Leben zu verfolgen, mit allem, was ihm jeder Zeigefinger auf sein inneres Ich zuwinket –
> welche lebendige Physiognomik würde daraus werden, ohne Zweifel tiefer, als aus dem Umriß von Stirn und Nase. Kein Theil, glaube ich, kein Glied wäre ohne Beitrag und Deutung."[18]

Neben der Vereinigung von Physiologie und Psychologie fordert Herder hier ein autobiogra-phisches Fallbeispiel, von dem er sich Erkenntnisse für die Menschenkunde erhofft. Wie be-reits oben angeführt sind für ihn die Hauptquellen anthropologischer Erkenntnis die wissen-schaftlichen und auch die literarischen Beiträge und die Lebensbeschreibungen. Tatsächlich werden authentische Lebensbeschreibungen parallel von beiden Bereichen geliefert. Romane

---

[15] Vgl. ebd., S. 74.
[16] Vgl. ebd., S. 74 ff.
[17] Vgl. PFOTENHAUER (1994: 556).
[18] HERDER (1828: 23).

erhalten mehr und mehr autobiographische Züge und die Autobiographik entwickelt vor dem Hintergrund der populären Anthropologie ein Interesse gegenüber charakterbildenden Erlebnissen und Entwicklungsstationen. Die äußere Beschreibung des Lebens wird abgelöst durch eine kausalpsychologische Darstellung des Werdens und Soseins. Die Autobiographie und auch der autobiographische Roman werden so zu einer ästhetischen Menschenkunde. Dabei wird das psychologische Interesse an den frühesten Erlebnissen in der Kindheit zum Topos und zum Quellgrund. Weiterhin richtet sich die Aufmerksamkeit auf das Kleinscheinende, dem große Wichtigkeit beigemessen wird, aber ebenso auf Durchbrüche wie Abbrüche auf dem Weg zur Identität. Dabei bilden Autobiographien aber ein Forum für pädagogische und psychologische Diskussion, denn der autobiographische Diskurs über die Kindheit erfordert den Rückgriff auf anthropologische Disziplinen wie Pädagogik und Psychologie und auch Medizin und Ethnologie.[19] Ihrerseits wird die Autobiographie als Erkenntnisquelle des ganzen Menschen für die Anthropologie des Einzelmenschen bedeutsam. Ein Beispiel hierfür ist Karl Philipp Moritz' *Anton Reiser* in Zusammenhang mit Moritz' parallel erscheinenden *Magazin zur Erfahrungsseelenkunde*, der ersten psychologischen Zeitschrift.

2. Karl Philipp Moritz' *Anton Reiser* und das *Magazin zur Erfahrungsseelenkunde*

Karl Philipp Moritz' *Anton Reiser. Ein psychologischer Roman.* erschien in vier Teilen in den Jahren 1785-1790. Der Begriff psychologischer Roman wurde von ihm geprägt[20] und impliziert schon seine Intention, die er in der Vorrede zum ersten Teil deutlich macht:

> „Dieser psychologische Roman könnte auch allenfalls eine Biographie genannt werden, weil die Beobachtungen größtentheils aus dem wirklichen Leben genommen sind. – Wer den Lauf der menschlichen Dinge kennt, und weiß, wie dasjenige oft im Fortgange des Lebens sehr wichtig werden kann, was anfänglich klein und unbedeutend schien, der wird sich an die anscheinende Geringfügigkeit mancher Umstände, die hier erzählt werden, nicht stossen. Auch wird man in einem Buche, welches vorzüglich die i n n e r e Geschichte des Menschen schildern soll, keine große Mannigfaltigkeit der Charaktere erwarten: denn es soll die vorstellende Kraft nicht vertheilen, sondern sie zusammendrängen, und den Blick der Seele in sich selber schärfen. – Freylich ist dieß nun keine so leichte Sache, daß gerade jeder Versuch darinn glücken muß – aber wenigstens wird doch vorzüglich in pädagogischer Rücksicht, das Bestreben nie

---

[19] Vgl. GOLDMANN, Stefan (1994): Topos und Erinnerung. Rahmenbedingungen der Autobiographie. In: SCHINGS, Hans-Jürgen (Hrsg.): *Der ganze Mensch. Anthropologie und Literatur im 18. Jahrhundert.* DFG-Symposium 1992. Stuttgart/ Weimar: Metzler (=*Germanistische-Symposien-Berichtsbände, 15*), S. 666 ff.

[20] Vgl. MORITZ, Karl Philipp (2006b): *Karl Philipp Moritz. Anton Reiser. Teil II: Kommentar*, hrsg. von Christof Wingertszahn. Tübingen: Niemeyer (=*Karl Philipp Moritz. Sämtliche Werke. Kritische und kommentierte Ausgabe, 1*), S. 585 f.

ganz unnütz seyn, die Aufmerksamkeit des Menschen mehr auf den Menschen selbst zu heften, und ihm sein individuelles Daseyn wichtiger zu machen."[21]

In der Vorrede zum zweiten Teil beschreibt er seinen Roman, als „eine so wahre und getreue Darstellung eines Menschenlebens, bis auf seine kleinsten Nüancen"[22], und im dritten Teil schreibt er vorab:

> „Das in diesem Theil enthaltene ist eine getreue Darstellung der Scenen seiner Jünglings-Jahre, welche andern, denen diese unschätzbare Zeit noch nicht entschlüpft ist, vielleicht zu Lehre und Warnung dienen kann. Vielleicht enthält auch diese Darstellung manche, nicht ganz unnütze Winke für Lehrer und Erzieher, woher sie Veranlassung nehmen könnten, in der Behandlung mancher ihrer Zöglinge behutsamer, und in ihrem Urtheil über dieselben gerechter und billiger zu seyn!"[23]

Moritz' *Anton Reiser* ist also eine Autobiographie bzw. ein autobiographischer Roman, die/ der kausalpsychologisch die innere Geschichte eines Menschen (in diesem Fall seine eigene Geschichte) in jedem Detail wiedergeben möchte. Er macht deutlich, dass hier der Schwerpunkt liegt und nicht auf einer spannenden Handlung oder auf einer großen „Mannigfaltigkeit der Charaktere". Der Blick soll auf die Seelenvorgänge gelenkt werden. Hiervon erhofft er sich Erkenntnisse, die für die Psychologie und die Pädagogik interessant sind. Moritz liefert hiermit also ein Beispiel für das neue Erzählmodell: Die Übereinstimmungen mit Blanckenburgs Romantheorie sind offensichtlich und dass es sich um eine „äußerste Radikalisierung des anthropologischen Romantyps"[24] handelt, ist durch die gewählte Form der Autobiographie und die Intention, anthropologische Erkenntnisse für Psychologie und Pädagogik liefern zu wollen, einleuchtend.

Anthropologie zeigt sich hier als Erfahrungsseelenkunde und der Roman erscheint als Experimentierfeld und als das von Herder geforderte Fallbeispiel für ein anthropologisches Erkenntnisinteresse. Moritz liefert dabei sein eigenes Leben als Untersuchungsobjekt, was auch noch dadurch unterstützt wird, dass er dadurch objektiviert und distanziert, indem er sich einen anderen Namen gibt und über sich in der dritten Person spricht. Dass es sich tatsächlich um eine Autobiographie handelt, konnte die Forschung anhand Moritz' Lebenslauf belegen und kürzlich erneut durch aufgefundene Briefe verifizieren.[25] Dabei behandelt der Roman die Zeit von der Geburt bis etwa zum zwanzigsten Lebensjahr. Belegt ist, dass ein weiterer fünf-

---

[21] DERS. (2006a): *Karl Philipp Moritz. Anton Reiser. Teil I: Text*, hrsg. von Christof Wingertszahn. Tübingen: Niemeyer (=*Karl Philipp Moritz. Sämtliche Werke. Kritische und kommentierte Ausgabe, 1*), S. 10.

[22] Ebd., S. 106.

[23] Ebd., S. 202.

[24] Košenina greift dieses Zitat ebenfalls von Manfred Engel auf, um damit nochmals zu verdeutlichen, dass es sich bei Moritz' *Anton Reiser* um ein ,Schulbeispiel' des anthropologischen Romans handelt. Vgl. KOŠENINA (2008: 79) und ENGEL, Manfred (1993): Der *Roman der Goethezeit. Band 1: Anfänge in Klassik und Frühromantik*. Stuttgart/ Weimar: Metzler (=*Germanistische Abhandlungen, 71*), S. 146.

[25] Im Nachlass des Quietisten Johann Friedrich von Fleischbein wurden Briefe gefunden, die Moritz' Lehrzeit bei dem Hutmacher Lobenstein erhellen und dessen Wiedergabe im Roman bestätigen. Vgl. hierzu: WINGERTSZAHN, Christof (2002): *Anton Reiser und die „Michelein". Neue Funde zum Quietismus im 18. Jahrhundert*. Hannover: Wehrhahn.

ter Teil die Lebensgeschichte von Moritz' Alter Ego Anton Reiser fortführen sollte, doch Moritz' Tod 1793 verhinderte dies.[26]

Dass ein anthropologisches Erkenntnisinteresse im Mittelpunkt steht, verdeutlicht das Faktum, dass der Roman als eine Parallelaktion zum *Magazin zur Erfahrungsseelenkunde*[27] entstanden ist, das Moritz in den Jahren 1783 bis 1793[28] herausbrachte. Das Magazin ist die erste psychologische Zeitschrift und Moritz kann durch sein diesbezügliches Wirken als Begründer der empirischen Psychologie verstanden werden. Das Magazin bündelt für die Psychologie relevante Beobachtungen, Fallbeschreibungen, merkwürdige Lebensgeschichten und lehrreiche Therapiebeispiele. Es ist unterteilt in die Rubriken:

- Seelenkrankheitskunde (Pathologie)
- Seelennaturkunde (Physiologie)
- Seelenzeichenkunde (Semiotik)
- Seelendiätetik (Prävention)
- Seelenheilkunde (Therapie)

Es bildete dabei ein Forum des Austausches, da es Beiträge von Lesern erwünschte und abdruckte. In seiner Vorrede zum ersten Band schreibt er:

> „Aber wie kann ich den ganzen übrigen Teil meines Lebens besser nutzen, als wenn ich ihn, neben der tätigen Ausübung meiner Pflicht, zur Erforschung und Betrachtung desjenigen anwende, was mir und meinen Mitgeschöpfen gerade am wichtigsten ist? Und was ist dem Menschen wichtiger, als der Mensch? Diesem vortrefflichen Studium will ich daher meine Zeit und meine Kräfte widmen, und in Rücksicht auf dasselbe will ich studieren, lesen, beobachten, denken und leben. […] Was mich darüber beruhigt, daß ich die gegenwärtige Sündflut von Büchern noch mit einem neuen Buche vermehren will, ist dieses, daß ich Fakta, und kein moralisches Geschwätz, keinen Roman, und keine Komödie, liefere, auch keine andern Bücher ausschreibe."[29]

Damit wird deutlich, dass sich Moritz' Interesse hauptsächlich auf das anthropologische Konzept der Erfahrungsseelenkunde konzentriert und dieses auch auf seinen Roman überträgt. In seinen Überlegungen zu der von ihm angestrebten neuen Wissenschaft in der Programmschrift *Aussichten zu einer Experimentalseelenlehre* wird bereits 1781 die Forderung nach genetischen Biographien deutlich. Für Moritz war die wichtigste Methode der anthropologischen Erforschung die Introspektion, denn erst durch die Beobachtung der eigenen Seele sei

---

[26] Vgl. MORITZ (2006b: 561).
[27] Vollständiger Titel: ΓΝΩΘΙ ΣΑΥΤΟΝ *[Gnothi Sauton, griech. ‚Erkenne dich selbst'] oder Magazin zur Erfahrungsseelenkunde als ein Lesebuch für Gelehrte und Ungelehrte.*
[28] 1790 erschien kein Band, der 5. und 6. Band wurde gemeinsam mit Carl Friedrich Pockels und der 9. und 10. Band mit Salomon Maimon herausgegeben. Vgl. Anhang in: MORITZ, Karl Philipp (1981): *Karl Philipp Moritz Werke. Dritter Band: Erfahrung, Sprache, Denken*, hrsg. von Horst Günther. Frankfurt am Main: Insel, S. 762.
[29] MORITZ (1981: 103).

erst eine Fremdbeobachtung möglich.[30] Dass sein Roman auch Studienzwecken und sein Leben dann als Untersuchungsobjekt dienen sollte, zeigt die auszugsweise Veröffentlichung im *Magazin für Erfahrungsseelenkunde*. Er veröffentlichte Fragmente des *Anton Reiser* noch vor der Romanveröffentlichung 1784 in den ersten beiden Stücken des ersten Bandes, 1786 im vierten und 1790 im achten Band des Magazins.[31] Hieran wird noch einmal die Wechselbeziehung zwischen Anthropologie und Literatur deutlich. Moritz bestätigte selbst die gedankliche Zugehörigkeit des Romans zum Kontext des Magazins.[32] Horst Günther schreibt in einem Nachwort folgendes dazu:

> „Der Außenseiter, der sich nicht anerkannt fühlt, faßt nun einen großen Plan, um Ströme seines Jahrhunderts zu vereinigen. Der Mensch als moralisches Wesen, verletzbar, gedrückt und in seinem Selbstgefühl vernichtet, durch Umstände ins Verbrechen getrieben, durch Verstellung und falsches Streben verzerrt, durch äußeren Druck erniedrigt, durch Laster entstellt, durch Unverständnis und Lieblosigkeit in den Wahnsinn verstoßen und allzuoft um seinen Gehalt und inneren Wert betrogen – dieses Wesen zu beobachten, zu erkennen und zu heilen macht er sich und anderen ‚Wahrheitsfreunden‘ zur Aufgabe."[33]

Hier sind bereits einige der Ursachen für Reisers Leiden grob zusammengefasst, die er in seiner Lebensgeschichte nachzeichnet. Die Wirkungen offenbaren sich u.a. neben Melancholie und Hypochondrie in „Leiden der Einbildungskraft" mit hohem Suchtpotenzial: Reiser kompensiert seine Probleme durch die Flucht in die Welt der Phantasie. Zum einen schwärmt er für das Predigen, er übt sich darin und im Rezitieren und träumt davon, auf diese Weise vor einem großen Publikum und in der Schule wahrgenommen zu werden. Zum anderen flüchtet er sich in die Welt der Bücher und versucht sich selbst in der Schriftstellerei. Aufgrund seiner exzessiven Lesewut macht er Schulden bei einem Antiquar. Schließlich überfällt ihn eine Sucht für Komödien. Durch Besuche im Theater und Lesen von Komödien vernachlässigt er die Schule und flüchtet schließlich aus Hannover um Schauspieler zu werden, was allerdings scheitert. Höhenflüge und Scheitern wechseln sich ab. Nichtsdestotrotz ist *Anton Reiser* eine positive Lektüre, denn der Roman zeigt ebenso auf, dass es Anton Reiser als Angehöriger des 4. Standes trotzdem durch Gönner auf ein Gymnasium und später zum Theologiestudium schafft. Ein Blick in den Lebenslauf von Karl Philipp Moritz zeigt, dass er nach seinem Studium eine Lehrerlaufbahn einschlägt und schließlich Gymnasialprofessor und später Professor und ordentliches Mitglied an der Königlichen Akademie der Künste und Mechanischen Wis-

---

[30] Vgl. DERS. (2006b: 573).
[31] Vgl. DERS. (1981: 558 ff.).
[32] Kapitel *Fortsetzung der Revision der drei ersten Bände dieses Magazins* im 3. Stück des 4. Bandes. In: MORITZ, Karl Philipp (1978): ΓΝΩΘΙ ΣΑΥΤΟΝ oder Magazin zur Erfahrungsseelenkunde als ein Lesebuch für Gelehrte und Ungelehrte. Band 4. Nachdruck, neuhrsg. von Anke Bennholdt-Thomsen und Alfredo Guzzoni. Lindau i. B.: Antiqua-Verlag, S. 4 f.
[33] Nachwort von Horst Günther. In: MORITZ (1981: 814 f.)

senschaften wird.[34] Im Hinblick auf den geplanten fünften Band und Moritz' Interesse an Lebensgeschichten, die einen Aufstieg aus beengten Verhältnissen aufzeigen, kann vermutet werden, dass Moritz sein Leben zumindest bis zu seiner Karriere als Lehrer fortführen wollte und den pädagogischen Endzweck verfolgte, Antons Reisers intellektuellen und sozialen Aufstieg zu thematisieren.[35]

Kennzeichen im *Anton Reiser* ist ein wissenschaftlich anmutendes detailreiches Erzählverfahren. Durchgängig ist eine Aufspaltung zwischen einem Erzähler, der aus übergeordneter Perspektive kühl die Geschichte darstellt, und der erzählten Person Anton Reiser, der distanziert Gefühle und Seelenregungen widergibt.[36] „Der Erzähler agiert als seelisch einfühlsamer Menschenkenner, der gleichzeitig auch [...] die Rolle eines kalten Beobachters einnehmen kann [...]. Er kommentiert teilweise schonungslos die geheimen Regungen Antons"[37] und nimmt dabei die Rolle eines „moralischen Arztes" ein. Dadurch erhält der Roman den Duktus einer sachlichen Beschreibung und verzichtet fast durchweg auf eine symbolische Stilisierung des Erzählten. *Anton Reiser* wird so zu einer Fallgeschichte, in der Moritz sein eigenes Leben im Sinne aufgeklärter Anthropologie analysiert.[38]

3. Zusammenfassung

Anthropologie und Literatur treffen sich kulminiert in der zweiten Hälfte des 18. Jahrhunderts. Die innere Geschichte des Menschen rückt in das Blickfeld der anthropologisch interessierten Schriftsteller. Literaturtheoretisch erbringen Blanckenburg und Engel die Vorlage. Zugleich werden Forderungen nach autobiographischer Beschreibung des Lebens in kausalpsychologischer Darlegung der inneren Geschichte des Menschen laut. In der Folge erhalten Romane mehr und mehr autobiographische Züge und die Autobiographik entwickelt ein Interesse gegenüber charakterbildenden Erlebnissen und Entwicklungsstationen. Dadurch wird die Literatur selbst anthropologisch und liefert wiederum für die Anthropologie autobiographische Fallbeispiele für die Seelenkunde des Menschen. An Karl Philipp Moritz' *Anton Reiser* konnte dies beispielhaft veranschaulicht werden.

---

[34] Vgl. Lebenslauf auf den Internetseiten der Kritischen Karl Philipp Moritz-Ausgabe der Akademie der Wissenschaften. URL: http://www.bbaw.de/forschung/moritz/forum/chronik.html> (zugegriffen am 02.12.2008).
[35] Vgl. MORITZ (2006b: 583 ff.).
[36] Vgl. ebd., S. 594.
[37] Ebd.
[38] Vgl. ebd.

Primärliteratur

BLANCKENBURG, Christian Friedrich von (1774): *Versuch über den Roman*. Leipzig/ Liegnitz: [veröffentlicht von] Siegert. Als Digitalisat abrufbar über URL: <http://books.google. com/books?hl=de&id=sNINAAAAYAAJ&dq=Versuch+%C3%BCber+den+Roman&p rintsec=frontcover&source=web&ots=yzXdvuaRg&sig=jlJI8CdL3lLGx7eiHHDwbT_i 4yU&sa=X&oi=book_result&resnum=1&ct=result> (zugegriffen am 25. 11.2008).

HERDER, Johann Gottfried, Karoline HERDER et. al. (Hgg.) (1828): Johann Gottfried Herder's sämmliche Werke. Zur Philosophie und Geschichte. Neunter Theil. Stuttgart/ Tübingen: Cotta. Als Digitalisat abrufbar über URL: <http://books.google.com/books?id=MCo TAAAAYAAJ&printsec=frontcover&hl=de#PPA1,M1> (zugegriffen am 24.11.2008).

MORITZ, Karl Philipp (2006a): *Karl Philipp Moritz. Anton Reiser. Teil I: Text*, hrsg. von Christof Wingertszahn. Tübingen: Niemeyer (=*Karl Philipp Moritz. Sämtliche Werke. Kritische und kommentierte Ausgabe, 1*).

DERS. (2006b): *Karl Philipp Moritz. Anton Reiser. Teil II: Kommentar*, hrsg. von Christof Wingertszahn. Tübingen: Niemeyer (=*Karl Philipp Moritz. Sämtliche Werke. Kritische und kommentierte Ausgabe, 1*).

DERS. (1981): *Karl Philipp Moritz Werke. Dritter Band: Erfahrung, Sprache, Denken*, hrsg. von Horst Günther. Frankfurt am Main: Insel.

DERS. (1978): *ΓΝΩΘΙ ΣΑΥΤΟΝ oder Magazin zur Erfahrungsseelenkunde als ein Lesebuch für Gelehrte und Ungelehrte*. Band 4. Nachdruck, neuhrsg. von Anke Bennholdt-Thomsen und Alfredo Guzzoni. Lindau i. B.: Antiqua-Verlag.

Sekundärliteratur

ENGEL, Manfred (1993): Der *Roman der Goethezeit. Band 1: Anfänge in Klassik und Früh-romantik*. Stuttgart/ Weimar: Metzler (=*Germanistische Abhandlungen, 71*).

GOLDMANN, Stefan (1994): Topos und Erinnerung. Rahmenbedingungen der Autobiographie. In: SCHINGS, Hans-Jürgen (Hrsg.): *Der ganze Mensch. Anthropologie und Literatur im 18. Jahrhundert*. DFG-Symposium 1992. Stuttgart/ Weimar: Metzler (=*Germanistische-Symposien-Berichtsbände, 15*), 660-676.

KARL-PHILIPP-MORITZ-AUSGABE auf den Internetseiten der Berlin-Brandenburgischen Akademie der Wissenschaften: *Leben und Werk von Karl Philipp Moritz.* URL: <http://www. bbaw.de/forschung/moritz/forum/chronik.html> (zugegriffen am 02.12.2008).

KOŠENINA, Alexander (2008): *Literarische Anthropologie. Die Neuentdeckung des Menschen.* Berlin: Akademie Verlag (=*Akademie Studienbücher Literaturwissenschaft*).

PFOTENHAUER, Helmut (1994): Einführung [zu Teil IV: Literarische Anthropologie]. In: SCHINGS, Hans-Jürgen (Hrsg.): *Der ganze Mensch. Anthropologie und Literatur im 18. Jahrhundert.* DFG-Symposium 1992. Stuttgart/ Weimar: Metzler (=*Germanistische-Symposien-Berichtsbände, 15*), 555-560.

DERS. (1987): *Literarische Anthropologie. Selbstbiographien und ihre Geschichte – am Leitfaden des Leibes.* Stuttgart: Metzler (=Germanistische Abhandlungen, 62).

SCHINGS, Hans-Jürgen (1994) (Hrsg.): *Der ganze Mensch. Anthropologie und Literatur im 18. Jahrhundert.* DFG-Symposium 1992. Stuttgart/ Weimar: Metzler (=*Germanistische-Sympo-sien-Berichtsbände, 15*).

DERS. (1980): Der anthropologische Roman. Seine Entstehung und Krise im Zeitalter der Spätaufklärung. In: FABIAN, Bernhard, Wilhelm SCHMIDT-BIGGEMANN & Rudolf VIERHAUS (Hgg.): *Deutschlands kulturelle Entfaltung. Die Neubestimmung des Menschen.* München: Kraus International Publications (=*Studien zum achtzehnten Jahrhundert, 2/3*), 247-275.

WINGERTSZAHN, Christof (2002): *Anton Reiser und die „Michelein". Neue Funde zum Quietismus im 18. Jahrhundert.* Hannover: Wehrhahn.